Heerlijke hapjes uit

Spanje

Oorspronkelijke titel: Bite-sized Spain
Vertaling en bewerking: Henk Noy
Eindredactie: Hennie Franssen-Seebregts

First published in 2000 by Hamlyn
an imprint of Octopus Publishing Group Limited
2-4 Heron Quais
London E14 4JP

Dit boek is gepubliceerd door Tirion Uitgevers
Postbus 309
3740 AH, Baarn

ISBN 90.4390.152.0
Nugi 421

Fotoverantwoording
Octopus Publishing Group Ltd/W. Adams-Lingwood 68-69/Jean Cazals 32-33/Sandra Lane titelpag, 4 links en rechts, 5 links en rechts, 6 links en midden, 7 rechts en midden, 8 links, 14, 15, 17, 23, 24, 27, 29, 35, 42, 43, 53, 72, 76, 77, 79/James Merrell 5 links, 46, 50-51/ Neil Mersh 9 links, 25, 44/Sean Myers 7 links, 12-13, 36, 58-59/Ian Wallace 5 linksonder, 6 rechts, 8 rechts en midden, 9 rechts en midden, 16, 31, 39, 48, 57, 64-65, 67/Philip Webb 21, 26
Axiom Photographic Agency/ Alberto Arzoz 40-41, Guggenheim Museum Bilbao/Steve benbow 10-11, achterplat, La Sagrada Familia, Barcelona
Corbis UK Ltd/Catherine Karnow 18-19, detail van een stierenvechter/Hulton Deutsch Collection 74-75, flamencodanser
Spaanse Nationaal Toeristenbureau 54-55, Spaanse vlag

Opmerkingen

De gebruikte theelepels hebben een inhoud van 5 ml, de eetlepels van 15 ml.
Vries een gerecht dat al eerder was ingevroren nooit opnieuw in.
Verwarm de ovens voor op de in het recept aangegeven temperatuur - volg voor een heteluchtoven de bijgeleverde gebruiksaanwijzing.

Tenzij anders aangegeven worden de ingrediënten als volgt gebruikt:
Eieren zijn middelgroot (M).
Melk is volle melk.
Peper is wit en versgemalen.
Kruiden zijn vers. Vervang ze in geval van nood door gedroogde en gebruik dan de helft van de aangegeven hoeveelheid.

Heerlijke hapjes uit Spanje

inhoud

1

Deze zijn heel geschikt om te worden geserveerd bij een glaasje koele wijn. In dit hoofdstuk onder meer gemarineerde olijven en zoute amandelen.

2

Dit is het hoofdstuk dat u moet raadplegen als u een klein voorgerechtje, een hapje tussendoor of stijlvolle hapjes voor een feestje zoekt.

3

4

5

inleiding

Het idee van kleine hapjes is natuurlijk afkomstig uit Spanje. Je zou kunnen zeggen dat zij hiermee in de 19de eeuw begonnen, toen de gewoonte ontstond tapas te eten, kleine hapjes bij een glas gekoelde wijn of sherry. Letterlijk vertaald betekend *tapa* dekseltje en verwees het naar het sneetje brood dat barbezoekers kregen om op hun glas te leggen om te voorkomen dat daar insecten in terecht konden komen. Na enig tijd begon men dit brood te beleggen met een plakje ham of kaas en zo ontstond de tapa, dat is tenminste het verhaal. Tegenwoordig zijn tapas verfijnd en luxe. In Spanje gaat men voor de lunch of het diner met vrienden van bar naar bar en geniet onder het praten van kleine hapjes en een glaasje. Echte tapas zijn 'eenhaps' snacks, hoewel er soms cocktailprikkers of vorkjes bij gegeven worden, maar nooit mes en vork. Tapas zijn ook ideaal om thuis een groter gezelschap te ontvangen; ze zijn heel geschikt voor bij een borrel, of kunnen dienen als eerste gang bij een maaltijd.

In *Heerlijke hapjes uit Spanje* worden de hapjes in elk hoofdstukje groter en eindigen bij *Kleine maaltijden*, een reeks gerechtjes voor een lichte lunch of souper – of misschien om een aantal ervan tegelijk te serveren – afhankelijk van de gelegenheid.

Borrelhapjes in het eerste hoofdstuk zijn piepkleine hapjes zoals gemarineerde olijven – in Spanje favoriet – en gezouten amandelen, heerlijk bij een glas koude wijn. *Snacks* zijn iets groter. Hier horen de Spaanse tortilla en een uitgebreidere versie met Spaanse peper, die beide ook in puntjes geserveerd kunnen worden. Ook vindt u er gebakken inktvisringen met een dipsaus; en gefrituurde kaasballetjes gemaakt van Spanjes populairste kaas: Manchego. In dit hoofdstukje zijn ook enkele zoete gerechten te vinden zoals de churros, gefrituurde ringen van beignetbeslag met sinaasappel gekruid, die de Spanjaarden graag als ontbijt eten

met hete chocolademelk of koffie; en Tarta de naranja, een bijzondere custardtaart met sinaasappel en amandel. In *Nog iets meer* worden minimaaltijden gegeven: Empanadas, met vis of vlees gevulde deeglapjes die gefrituurd of in de oven gebakken worden; en Albondigas, gehaktballetjes die als borrelhapje aan een prikker geserveerd kunnen worden of met een pittige tomatensaus als maaltijd. Het boek besluit met *salsas en dipsauzen*, die perfect bij veel van de recepten passen.
In de Spaanse keuken zijn veel Arabische invloeden te vinden. De Moren trokken in juli 711 Spanje binnen, toen deze afstammelingen van de Arabieren en de Berbers in Andalusië landden. Zij heersten 700 jaar over Spanje en hadden een enorme invloed op de Spanjaarden op vele gebieden, niet in het minst in de keuken. De introductie van amandelen, aubergines, spinazie, sinaasappels en citroenen, munt en specerijen als kaneel, piment, saffraan, komijn en koriander zijn alle aan de Moren te danken evenals de verbouw van suiker en rijst in het zuiden van Spanje en van belangrijk keukengerei als vijzel en stamper.
De Moren werden verdreven door Ferdinand II van Aragon, de koning die met zijn vrouw Isabella de ontdekkingsreiziger Christopher Columbus volgde op zijn reizen naar West-Indië en Amerika. Van deze reizen bracht hij tomaten, aardappelen en chilipepers meer, en zonder deze producten zou de keuken van Spanje, en veel andere landen in Europa, heel anders zijn.

De Spaanse keuken is kleurig, rijk en boers – waarbij we denken aan rode en groene paprika's, sinaasappels en saffraangele paella.

verklarende woordenlijst

Allioli
Wordt ook wel geschreven als 'alioli' en is de Spaanse versie (sommigen beweren de oorspronkelijke) van de Provençaalse aïoli, een saus op basis van olie, knoflook en eidooiers. Net zoals mayonaise wordt allioli geserveerd bij koude gerechten of als dipsaus.

Bacalao
Deze erfenis uit de Middeleeuwen is gedroogde gepekelde kabeljauw die voor de bereiding 24 uur in regelmatig ververst koud water moet weken. Voor de Spanjaarden staat bacalao even hoog in betekenis en aanzien als gerookte zalm bij ons.

Chorizo
Een pikante varkensworst die op smaak wordt gebracht met knoflook en paprikapoeder, dat voor de kenmerkende rode kleur zorgt. Chorizo kan zacht of scherp zijn, is meestal gedroogd en wordt zo gegeten.

Escabèche
Een Arabisch woord voor een bereidingstechniek waarbij vis en groenten worden gepocheerd in wijn of azijn en daarna in het kookvocht of in een andere kruidige saus worden gemarineerd.

Kaas
Manchego uit La Mancha is Spanjes bekendste kaas. De kaas wordt gemaakt van schapenmelk, heeft een stevige structuur met kleine gaatjes en wordt als licht belegen en belegen kaas verkocht. Er is gepasteuriseerde en ongepasteuriseerde kaas. Idiazabal is een andere half-

harde kaas van schapenmelk met een scherpe smaak, afkomstig uit Baskenland. Valdeón en Picos de Europa zijn zachte blauwe roomkazen; Valdeón wordt gemaakt van koemelk of een mengsel van koemelk en geitenmelk terwijl voor Picos uitsluitend koemelk wordt gebruikt.

Olijven en olijfolie

De olijfboom wordt vanaf de vroegste geschiedenis in het Mediterrane gebied aangeplant. Spanje kent meer dan 50 verschillende soorten olijven en is een van de grootste producenten van olijfolie ter wereld. De Spaanse olijfoliesoorten zijn over het algemeen heel geurig en fruitig.

Saffraan

Deze specerij is afkomstig van de paarse *Crocus sativus* met zijn lange gele meeldraden. Men zegt dat de beste soort uit La Mancha komt waar de bloemen van de ene dag op de andere ergens midden oktober gaan bloeien en dan dezelfde dag met de hand moeten worden geplukt. De felgele stampers en meeldraden worden verwijderd en boven houtskool geroosterd om saffraan te leveren. Het plukken is zwaar en uitputtend werk – een lange werkdag op het veld brengt slechts 50 tot 75 gram saffraan op. Het is een van de meest verfijnde specerijen en is in gewicht meer waard dan goud.

Serranoham

Een rauwe ham die licht is gepekeld en daarna aan de lucht wordt gedroogd en afkomstig is van met maïs gemeste varkens die in de eikenbossen in het zuidwesten van Spanje rondscharrelen. De beste ham is afkomstig van een speciaal varkensras met zwarte poten.

Tortilla

De Spaanse tortilla is een dikke omelet die vaak groenten bevat en die meer lijkt op de Italiaanse frittata dan op de dunne lichte Franse omelet. Er bestaat geen verband met de Mexicaanse tortillas.

1) borrelhapjes

in bierbeslag gefrituurde uienringen

zoute amandelen

pikant geglazuurde cashewnoten

chorizo met brood

gemarineerde olijven

Voor 4-6 personen / **Voorbereidingstijd** 10 min. / **Bereidingstijd** 10 min.

in bierbeslag gefrituurde uienringen

aros de cebolla al batido de cerveza

- **4 grote witte of rode uien**
- **plantaardige olie om te frituren**
- **in ringetjes geknipte bieslook of fijngesneden dragon**
- **Allioli voor erbij (*zie* blz. 77)**

VOOR HET BESLAG

- **1 ei, gesplitst in dooier en wit**
- **1 eetl. olijfolie**
- **1 dl licht bier**
- **65 g bloem**
- **zout en peper**

1 Snijd de uien in ½ cm dikke ringen en haal ze los van elkaar.
Gebruik alleen de grotere ringen en verwerk de rest in een ander gerecht.

2 Klop de eidooier met de olie, het bier en de bloem in een kom door elkaar en breng op smaak met zout en peper. Klop in een andere kom het eiwit stijf en spatel het schuim door het beslag.

3 Verhit in een pan een laagje van 5 cm olie tot 180–190 °C of tot een blokje wittebrood in 30 seconden bruin kleurt. Haal de uienringen met een paar tegelijk door het beslag en bak ze in 1-2 minuten goudbruin in de hete olie. Schep ze met een schuimspaan uit de pan en laat ze op keukenpapier uitlekken.

4 Serveer de uienringen warm, bestrooid met bieslook of dragon en geef er allioli als dipsaus bij.

zoute amandelen

almendras saladas

- 6 eetl. olijfolie
- 250 g blanke amandelen
- zeezout

1 Verhit de olie in een kleine koekenpan met een dikke bodem en roerbak de amandelen met niet teveel tegelijk op halfhoog vuur tot ze goudbruin zijn.

2 Schep de amandelen met een schuimspaan in een kom en schep er een royale portie zeezout door. De noten zijn weliswaar het lekkerst als ze meteen worden gegeten, maar kunnen 3 dagen in een afgesloten trommel worden bewaard.

Voor 4 personen / **Voorbereidingstijd** 5 min. / **Bereidingstijd** ca. 10 min.

Voor 4 personen / **Voorbereidingstijd** 5 min. + afkoelen / **Bereidingstijd** 5-10 min.

pikant geglazuurde cashewnoten

marañones picantes glaseados

- **25 g boter**
- **3 eetl. vloeibare honing**
- **1 theel. zout**
- **¼ theel. cayennepeper**
- **1 eetl. water**
- **250 g cashewnoten**

1 Verhit de boter in een kleine koekenpan met een dikke bodem en roer de honing, het zout, de cayennepeper en het water erdoor. Breng aan de kook.

2 Voeg de cashewnoten toe en blijf op halfhoog vuur 5 minuten roeren tot de noten rondom met een glazuurlaagje zijn bedekt.

3 Schep de noten op een ingevette bakplaat en laat ze afkoelen. De noten zijn het lekkerst op de dag dat ze zijn bereid.

Voor 4 personen / **Voorbereidingstijd** 15 min. / **Bereidingstijd** 5 min.

chorizo met brood

chorizo con pan

- **250 g mild gekruide chorizo aan een stuk**
- **3 eetl. extra vergine olijfolie**
- **1 teentje knoflook, in plakjes**
- **¼ theel. gedroogde Spaanse pepers**
- **2 sneden volkorenbrood, in blokjes**

1 Snijd de chorizo in ½ cm dikke plakken. Verhit de olie in een kleine koekenpan en laat de knoflook en de Spaanse peper circa 1 minuut zachtjes bakken tot ze hun smaak hebben afgegeven. Laat ze niet verbranden.

2 Zeef de olie en giet hem weer in de pan. Roerbak de chorizo 1-2 minuten tot de plakjes beginnen te kleuren. Schep ze uit de pan.

3 Schep de broodblokjes door het braadvet in de pan en laat ze uitlekken. Rijg een plakje worst en een blokje brood aan een houten prikker en serveer meteen.

gemarineerde olijven

aceitunas en escabèche

- **500 g groene of zwarte olijven**
- **1 rode Spaanse peper, zonder zaadjes, fijngehakt**
- **4 teentjes knoflook, geblancheerd**
- **1 takje oregano**
- **1 takje tijm**
- **1 theel. rozemarijn, fijngehakt**
- **2 laurierblaadjes**
- **1 theel. venkelzaadjes, geplet**
- **1 theel. geroosterde en geplette komijnzaadjes**
- **olijfolie om erover te gieten**

1 Kerf elke olijf in de lengte in tot op de pit. Doe de olijven in een kom en schep de Spaanse peper, de fijngesneden knoflook, de oregano, de tijm, de rozemarijn, de laurierblaadjes, de venkel- en de komijnzaadjes erdoor.

2 Schep de olijven in een glazen pot met een schroefdeksel en giet er zoveel olijfolie op dat ze onder staan. Sluit de pot en laat de olijven minstens 3 dagen staan; schud ze af en toe om. Op een koele en donkere plaats bewaard, zijn ze een paar maanden houdbaar.

Voor 4 personen / **Bereidingstijd** 20 min. + tijd om te marineren

2) snacks

klassieke Spaanse omelet
omelet met rode paprika
omelet met kikkererwten en snijbiet
tuinboontjes met serranoham
chorizo met tuinboontjes en groene kruiden
aardappelen met paprikasaus
geroosterde champignons
gefrituurde kaasballetjes
gefrituurde artisjokken
kroketten van garnalen, rijst en bonen
garnalen met knoflook en Spaanse peper
stokvisbeignets
gefrituurde inktvis
geroosterde mosselen
gefrituurde beignets
bananenbeignets
sinaasappel-amandeltaart
wentelteefje met honing en citroen

Voor 8 personen / **Voorbereidingstijd** 10 min. + rusttijd / **Bereidingstijd** 30 min.

klassieke Spaanse omelet

tortilla español

- **1½ dl olijfolie, extra vergine**
- **750 g aardappelen, in dunne plakken**
- **1 grote ui, in ringen**
- **5 grote eieren, losgeklopt**
- **zout en peper**

1 Verhit de olie op 2 eetlepels na in een koekenpan met een doorsnee van 20 cm en een dikke bodem. Bak hierin de aardappel en de ui onder regelmatig omscheppen 15 minuten tot ze goudbruin en net gaar zijn.

2 Schep het aardappelmengsel door de losgeklopte eieren en breng op smaak met zout en peper. Laat het 15 minuten rusten. Maak de koekenpan schoon.

3 Verhit de resterende olie in de schone pan en schep het tortillamengsel erin. Laat het op laag vuur 10 minuten bakken tot het mengsel bijna is gestold. Laat de tortilla voorzichtig op een plat bord glijden. Zet een tweede bord op de tortilla, keer de borden om en laat de tortilla met de gebakken kant naar boven weer in de pan glijden.

4 Zet de pan terug op het vuur en laat de tortilla nog 5 minuten bakken tot ook de andere kant gekleurd is. Laat afkoelen en serveer hem op kamertemperatuur in parten of rechthoeken gesneden.

(Dit is een traditionele Spaanse tortilla die met eieren, aardappelen en uien wordt gemaakt. Hij wordt in een flinke laag olijfolie gebakken.)

omelet met rode paprika

tortilla de pimiento rojo

- $1\frac{1}{2}$ **dl olijfolie, extra vergine**
- **750 g aardappelen, in dunne plakjes**
- **1 grote ui, fijngesneden**
- **1 grote rode paprika, zonder zaadlijsten en zaadjes, in reepjes**
- **1 groene paprika, zonder zaadlijsten en zaadjes, in reepjes**
- **5 grote eieren, losgeklopt**
- **zout en peper**

1 Verhit de olie op 2 eetlepels na in een koekenpan met een dikke bodem en een doorsnee van 20 cm. Bak hierin de aardappel, de ui en de rode en groene paprika onder regelmatig omscheppen in 15 minuten goudbruin en gaar.

2 Schep het aardappelmengsel in een grote kom door de losgeklopte eieren en breng het pittig op smaak met zout en peper. Laat het 15 minuten rusten. Maak de koekenpan schoon.

3 Verhit de resterende olie in de schone pan en schep het tortillamengsel erin. Laat het op laag vuur 10 minuten bakken tot de omelet bijna is gestold. Laat de tortilla voorzichtig op een plat bord glijden. Zet een tweede bord op de tortilla, keer de borden om en laat de tortilla met de gebakken kant naar boven weer in de pan glijden.

4 Zet de pan terug op het vuur en laat de tortilla nog 5 minuten bakken tot ook de andere kant gekleurd is. Laat hem afkoelen en serveer hem op kamertemperatuur, in parten of rechthoeken gesneden.

Voor 8 personen / **Voorbereidingstijd** 10 min. + rusttijd / **Bereidingstijd** 30 min.

Voor 8 personen / **Voorbereidingstijd** 15 min. / **Bereidingstijd** 30-40 min.

omelet met kikkererwten en snijbiet

tortilla de garbanzos y verdura

- **6 eetl. extra vergine olijfolie**
- **1 ui, fijngesneden**
- **4 teentjes knoflook, fijngesneden**
- **½ theel. gedroogde Spaanse peper**
- **500 g snijbiet**
- **1 blik kikkererwten (400 g), uitgelekt**
- **6 eieren, losgeklopt**
- **2 eetl. fijngesneden peterselie**
- **zout en peper**

1 Verhit 4 eetlepels van de olijfolie in een grote koekenpan met een antiaanbaklaag. Bak hierin de ui, de knoflook en de Spaanse peper 10 minuten zachtjes tot alles licht gekleurd en gaar is.

2 Was en droog intussen de snijbiet en verwijder de dikke witte middennerf. Snijd het blad in reepjes.
Meng de snijbiet en de kikkererwten door het uimengsel en laat ze 5 minuten zachtjes meefruiten.

3 Klop de eieren met de peterselie en wat zout en peper los in een kom. Schep het kikkererwtenmengsel erdoor.

4 Maak de pan schoon en giet de resterende olie erin. Giet het eimengsel in de pan en laat het op laag vuur 10 minuten zachtjes bakken tot de tortilla bijna is gestold.

5 Laat de tortilla op een plat bord glijden. Zet de pan hierop en laat de tortilla op de ongebakken kant in de pan glijden.

6 Zet de pan terug op het vuur en laat de tortilla bakken tot de andere kant gekleurd is. Serveer hem op kamertemperatuur, in parten of rechthoeken.

tuinboontjes met serranoham

habas con jamon serrano

- 1 eetl. olijfolie
- 1 dikke plak serranoham van 125 g, in blokjes
- 2 teentjes knoflook, fijngesneden
- 250 g vers gedopte tuinboontjes of 750 g ongedopte
- ¾ dl droge witte wijn
- 2 tomaten, ontveld en ontpit, het vruchtvlees in blokjes
- 1 eetl. fijngesneden dille
- zout en peper

1. Verhit de olie in een koekenpan met een dikke bodem, laat de ham hierin snel rondom kleuren. Voeg de knoflook en de tuinboontjes toe en laat ze 5 minuten zachtjes meebakken.

2. Voeg de wijn en de tomaat toe en breng alles aan de kook. Laat het met het deksel op de pan 15 minuten zachtjes koken tot de tuinboontjes gaar zijn.

3. Breng het gerecht op smaak met zout en peper, bestrooi met de dille en serveer meteen.

Voor 4 personen / **Voorbereidingstijd** 12 min. / **Bereidingstijd** 15-20 min.

chorizo met tuinboontjes en groene kruiden

chorizo con habas y hierbas

- **250 g vers gedopte tuinboontjes of 750 g ongedopte**
- **125 g pikante chorizo**
- **1 eetl. olijfolie**
- **2 teentjes knoflook, grof gehakt**
- **1 eetl. fijngesneden dille**
- **1 eetl. fijngesneden munt**
- **2 eetl. citroensap**
- **zout en peper**
- **knapperig stokbrood voor erbij**

1 Blancheer de tuinboontjes 1 minuut in kokend water, giet ze af, laat ze onder de koude kraan schrikken en uitlekken.

2 Snijd de chorizo in circa $^1/_2$ cm dikke plakken. Verhit de olie in een koekenpan en fruit de knoflook 2-3 minuten. Schep de knoflook uit de pan. Draai het vuur laag en laat de plakjes worst 2-3 minuten bakken tot ze beginnen te kleuren en wat vet zijn verloren.

3 Voeg de tuinboontjes toe, laat ze 2-3 minuten meebakken, bestrooi ze met de groene kruiden, besprenkel ze met het citroensap en breng verder op smaak met zout en peper. Serveer ze warm met knapperig stokbrood.

In heel Spanje wordt dit gerecht of een variatie erop in tapasbars geserveerd. Het is snel en makkelijk te maken en smaakt heerlijk bij een koel glas wijn.

Voor 4-6 personen / **Voorbereidingstijd** 8 min. / **Bereidingstijd** ca. 10 min.

aardappelen met paprikasaus

patatas bravas

- **1 kg kleine aardappelen**
- **2 eetl. olijfolie**
- **zeezout**

VOOR DE SAUS

- **4 eetl. olijfolie**
- **1 eetl. tomatenpuree**
- **1 eetl. rodewijnazijn**
- **2 eetl. water**
- **1 theel. chilisaus**
- **2 theel. paprikapoeder**
- **zout en peper**

1 Snijd de aardappeltjes in 1 cm dikke plakjes en leg ze naast elkaar op de bakplaat.

2 Bestrijk ze met olijfolie, bestrooi ze met zeezout en zet ze 20 minuten in de op 230 °C voorverwarmde oven. Keer de aardappelplakjes om en zet ze nog 10 minuten in de oven tot ze knapperig en goudbruin zijn.

3 Roer intussen de ingrediënten voor de saus in een pan door elkaar. Voeg de gebakken aardappelplakjes toe en laat ze doorwarmen. Breng ze desgewenst verder op smaak met wat zout en peper en serveer warm.

Voor 8 personen / **Voorbereidingstijd** 10 min. / **Bereidingstijd** 30 min.

geroosterde champignons met knoflookolie

champiñones a la plancha con aceite al ajillo

- **¾ dl extra vergine olijfolie**
- **2 teentjes knoflook, geperst**
- **geraspte schil en sap van ½ limoen**
- **1 kleine rode Spaanse peper, zonder zaadjes, fijngehakt**
- **2 eetl. fijngesneden peterselie**
- **12 grote platte champignons**
- **zout en peper**

1 Doe alle ingrediënten behalve de champignonhoeden in een kom en breng ze op smaak met zout en peper.

2 Leg de paddestoelenhoeden met de kant waar de steel heeft gezeten naar beneden in een grillpan en zet deze 3-4 minuten onder de voorverwarmde ovengrill tot ze vocht af gaan geven.

3 Keer de paddestoelenhoeden om en laat ze nog 3-4 minuten aan de andere kant bakken tot ze gaar zijn. Schep ze op een voorverwarmde schaal en giet de dressing erover. Laat ze voor het serveren afkoelen tot kamertemperatuur.

(In dit recept worden de grote malse champignonhoeden eerst geroosterd voor ze worden overgoten met de knoflookolie die de smaak versterkt.)

Voor 6 personen / **Voorbereidingstijd** 5 min. + afkoelen / **Bereidingstijd** 8-10 min.

gefrituurde kaasballetjes

manchego frito

- **olijfolie om te frituren**
- **2 eiwitten**
- **125 g belegen manchego, fijn geraspt**
- **50 g vers broodkruim**
- **ca. 1 eetl. fijngesneden groene kruiden als peterselie, bieslook en tijm**
- **paprikapoeder**
- **zout en peper**

1 Verhit de olijfolie in een frituurpan of een grote pan tot 180–190 °C of tot een blokje wittebrood in 30 seconden bruin bakt.

2 Klop in een kom de eiwitten tot ze stijf maar niet droog zijn. Spatel met een metalen lepel de geraspte kaas, het broodkruim en de groene kruiden erdoor. Breng op smaak met zout, peper en paprikapoeder. Vorm balletjes ter grootte van een walnoot van het mengsel.

3 Frituur de balletjes met niet teveel tegelijk in de hete olie in circa 3 minuten goudbruin. Schep de balletjes met een schuimspaan op keukenpapier en laat ze uitlekken. Serveer ze warm.

Voor 4-6 personen / **Voorbereidingstijd** 10 min. / **Bereidingstijd** ca. 15 min.

Voor 6 personen / **Voorbereidingstijd** 20 min. / **Bereidingstijd** 10-15 min.

gefrituurde artisjokken *alcachofas fritas*

- **12 kleine artisjokken**
- **1 citroen, gehalveerd**
- **plantaardige olie om te frituren**
- **4 eetl. bloem met zout en peper**
- **parten citroen om te garneren**
- **zout voor erbij**

1 Snijd de artisjokken bij en snijd ze afhankelijk van het formaat in de lengte doormidden of in kwarten. Wrijf de snijvlakken in met de gehalveerde citroen.

2 Verhit 5 cm plantaardige olie in een pan tot 180–190 °C of tot een blokje wittebrood in 30 seconden bruin kleurt.

3 Haal de stukken artisjok door de gekruide bloem en frituur ze in de hete olie met niet teveel tegelijk in 1-2 minuten knapperig en goudbruin. Laat ze op keukenpapier uitlekken. Serveer ze met zout en met parten citroen.

Voor 8 personen / **Voorbereidingstijd** 15 min. + afkoelen / **Bereidingstijd** ca. 55 min.

kroketten van garnalen, rijst en bonen

croquetas de gambas, arroz y judias

- **15 g boter**
- **1 teentje knoflook, geperst**
- **2 sjalotten, fijngesneden**
- **125 g Spaanse rondkorrelrijst of risottorijst**
- **6 dl hete vis- of groentebouillon**
- **125 g gekookte gepelde garnalen, grof gehakt**
- **125 g sperziebonen, fijngesneden**
- **2 eetl. fijngesneden munt**
- **2 eetl. versgeraspte parmezaanse kaas**
- **2 eieren, losgeklopt**
- **4 eetl. bloem met wat zout en peper**
- **50 g vers wittebroodkruim**

- **plantaardige olie om te frituren**
- **zout en peper**
- **ringetjes bieslook of fijngesneden koriander om te garneren**
- **zure room voor erbij**

1. Verhit de boter in een pan en fruit hierin knoflook en sjalot 5 minuten. Bak de rijst 30 seconden mee.

2. Voeg een soeplepel bouillon toe en laat de rijst koken tot het vocht is opgenomen. Voeg alle bouillon lepel voor lepel toe en blijf circa 20 minuten regelmatig roeren tot het meeste vocht is opgenomen.

3. Voeg met de laatste bouillon garnalen en sperzieboontjes toe, en laat de rijst afgedekt 5-10 minuten zachtjes koken.

4. Neem de pan van het vuur, schep de munt en de kaas door de rijst en breng op smaak met zout en peper. Dek af met een velletje vetvrij papier en laat hem afkoelen.

5. Schep de helft van de losgeklopte eieren, de helft van de bloem en 3 eetlepels van het broodkruim door de rijst. Maak hiervan balletjes met een doorsnee van 5 cm. Haal de kroketten eerst door de resterende bloem, daarna door het resterende ei en broodkruim.

6. Verhit in een braadpan een laagje van 5 cm olie tot 180–190 °C of tot een blokje wittebrood in 30 seconden bruin bakt.

7. Frituur de kroketten met niet teveel tegelijk in 1-2 minuten goudbruin. Laat ze op keukenpapier uitlekken en houd ze warm in een hete oven tot ze allemaal gebakken zijn. Garneer met bieslook en serveer ze warm met de zure room.

Voor 4 personen / **Voorbereidingstijd** 15 min. / **Bereidingstijd** 5-10 min.

garnalen met knoflook en Spaanse peper

gambas con ajo y picante

- **1 dl olijfolie**
- **4-5 teentjes knoflook, geperst**
- **1 rode Spaanse peper, zonder zaadjes, fijngehakt**
- **500 g rauwe garnalen, gepeld**
- **2-3 eetl. fijngesneden peterselie**
- **zeezout**

VOOR ERBIJ

- **partjes citroen**
- **4 sneetjes volkorenbrood**

1 Verhit de olie in vier eenpersoons vuurvaste aardewerkschaaltjes op hoog vuur. Voeg de knoflook en de Spaanse peper toe, laat 1-2 minuten bakken, voeg daarna de garnalen toe en bestrooi ze met wat zout. Laat ze op hoog vuur 2-3 minuten bakken en schud de schaaltjes regelmatig. Bestrooi de garnalen met de peterselie en serveer ze gloeiend heet met partjes citroen en sneetjes brood om het vocht op te deppen.

Tip De royale hoeveelheid olie waarin de garnalen worden gebakken, moet nog gloeiend heet zijn als ze op tafel komen zodat ze knapperig en droog blijven.

stokvis-beignets

bacalao frito

- **250 g stokvis**
- **1½ dl melk**
- **250 g aardappelen, in blokjes**
- **1 teentje knoflook, geperst**
- **2 bosuitjes, in ringetjes**
- **1 eetl. fijngesneden korianderbladen**
- **1 eidooier**
- **olie om te bakken**
- **peper**
- **allioli (*zie* blz. 77) of mayonaise voor erbij**

OM TE GARNEREN

- **citroenschil in reepjes**
- **plukjes koriander**

1 Doe de stokvis in een grote kom en overgiet hem met koud water. Laat hem 24 uur weken en ververs het water in die tijd een paar keer.

2 Laat de stokvis uitlekken. Verwijder vel en graten en snijd het visvlees in kleine blokjes. Doe ze in een kom, overgiet ze met de melk en laat ze 2 uur staan.

3 Giet de stokvis af en doe de vis met de aardappelen in een pan. Dek af met water, breng het aan de kook en laat in de gesloten pan 20 minuten zachtjes koken tot vis en aardappelen gaar zijn.

4 Giet de vis met de aardappelen af en pureer ze. Klop de resterende ingrediënten behalve de olie erdoor en breng op smaak met wat peper.

5 Verhit een laagje van circa 3 cm olie in een pan. Schep dessertlepels van het stokvismengsel in de olie en laat de beignets met niet teveel tegelijk in 1-2 minuten rondom bruin bakken.

6 Laat ze op keukenpapier uitlekken en houd ze warm tot ze allemaal zijn gebakken. Garneer met citroenschil en koriander en serveer met allioli of mayonaise.

Voor 8 personen / **Voorbereidingstijd** 35 min. + weken / **Bereidingstijd** 30 min.

Voor 8 personen / **Voorbereidingstijd** 15 min. / **Bereidingstijd** ca. 10 min.

gefrituurde inktvis

calamares fritos

- **500 g kleine inktvissen, panklaar**
- **plantaardige olie om te frituren**
- **2 eieren, losgeklopt**
- **2-4 eetl. bloem, gemengd met wat zout en peper en een mespunt cayennepeper**

VOOR ERBIJ

- **zeezout**
- **citroensap**
- **allioli (*zie* blz. 77)**

1 Snijd de inktvissen in ringen en halveer de tentakels. Was ze goed en dep ze zorgvuldig droog op keukenpapier.

2 Verhit 5 cm plantaardige olie in een hoge pan tot 180–190 °C of tot een blokje wittebrood in 30 seconden bruin bakt.

3 Haal intussen de inktvis eerst door het losgeklopte ei en daarna door de gekruide bloem. Frituur de inktvisringen en tentakels met niet teveel tegelijk in 1-2 minuten goudbruin en knapperig en laat ze op keukenpapier uitlekken. Houd de gebakken inktvis warm in een hete oven tot alles gebakken is. Serveer ze warm, bestrooid met zeezout, besprenkeld met citroensap en vergezeld van een kom allioli.

Voor 4 personen / **Voorbereidingstijd** 25 min. / **Bereidingstijd** ca. 10 min.

geroosterde mosselen

mejillones a la plancha

- **20 grote verse mosselen**
- **25 g basilicumblaadjes**
- **1 teentje knoflook, geperst**
- **1 klein rood Spaans pepertje, zonder zaadjes, klein gesneden**
- **½ theel. geraspte citroenschil**
- **1 eetl. pijnboompitten**
- **1 eetl. versgeraspte Manchego of Parmezaanse kaas**
- **2 eetl. vers broodkruim**
- **3-4 eetl. olijfolie, extra vergine**
- **zout en peper**

1 Borstel de mosselen schoon. Verwijder de eventuele baarden van de mosselen. Doe de mosselen in een pan en stoom ze met het aanhangende vocht in 4 minuten open. Gooi gesloten schelpen weg. Dompel de mosselen meteen in koud water en laat ze goed uitlekken.

2 Verwijder de helft van elke schelp en verdeel de mosselen over vier eenpersoons ovenschaaltjes.

3 Laat het basilicum, de knoflook, de Spaanse peper, de citroenschil, de pijnboompitten, de kaas en de helft van het broodkruim in de keukenmachine kort tot een glad mengsel draaien. Breng op smaak met zout en peper.

4 Doe de basilicumpasta in een kom en roer de olie erdoor. Schep wat van de pasta op elke mossel en bestrooi ze met het overgebleven broodkruim. Zet ze 2-3 minuten onder de voorverwarmde ovengrill tot het korstje goudbruin is. Serveer meteen.

Voor 4-6 personen / **Voorbereidingstijd** 10 min. / **Bereidingstijd** 20 min.

gefrituurde beignet

churros

- **150 g boter**
- **3 dl water**
- **150 g bloem**
- **3 eieren en 1 eidooier**
- **geraspte schil van 1 sinaasappel**
- **olie om te frituren**
- **1 eetl. kaneel**
- **150 g suiker**

1 Snijd de boter in blokjes en doe ze met het water in een pan. Verhit het langzaam tot de boter is gesmolten en breng het dan borrelend aan de kook.

2 Zeef de bloem minstens twee keer en voeg hem zodra het water kookt in een keer toe. Neem de pan van het vuur en klop de bloem door de vloeistof tot het mengsel als een bal van de randen van de pan loslaat. Laat het iets afkoelen en klop de eieren, de eidooier en de sinaasappelrasp erdoor.

3 Schep het mengsel in een spuitzak met een grof stervormig spuitmondje en spuit deegrepen van circa 15 cm lang. Verhit de olie voor het frituren in een grote pan met een dikke bodem tot 180-190 °C of tot een blokje wittebrood in 30 seconden bruin bakt.

4 Frituur de deegrepen met een paar tegelijk goudbruin en keer ze een keer om. Schep ze met een schuimspaan uit de olie en laat ze op keukenpapier uitlekken.

5 Schep de kaneel en de suiker door elkaar en strooi dit over de warme koekjes.

Voor 4 personen / **Voorbereidingstijd** 25 min. + rusttijd / **Bereidingstijd** 10-15 min.

bananenbeignets

plátano frito

- **4 stevige rijpe bananen, gepeld, doormidden gesneden**
- **4 eetl. citroensap**
- **4 eetl. Spaanse cognac**
- **bloem om te bestrooien**
- **olie om te frituren**
- **3 eetl. poedersuiker**

VOOR HET BESLAG

- **50 g bloem**
- **mespunt zout**
- **1 ei, losgeklopt**
- **1 eetl. gesmolten boter**
- **6 eetl. melk**
- **1 eiwit**

1 Leg de stukken banaan naast elkaar in een schaal en besprenkel met citroensap en cognac. Laat 20 minuten staan.

2 Maak intussen het beslag. Zeef de bloem met het zout in een grote kom. Voeg het ei, de boter en de melk toe en klop tot het een glad beslag is. Klop het eiwit stijf en spatel het schuim door het beslag.

3 Laat de stukken banaan op keukenpapier uitlekken, bestrooi ze met bloem en haal ze een voor een door het beslag. Verhit de olie in een diepe pan tot 180–190 °C of tot een blokje wittebrood in 30 seconden bruin bakt. Bak de bananenbeignets met niet teveel tegelijk in 3-4 minuten knapperig en goudbruin.

4 Laat de bananenbeignets op keukenpapier goed uitlekken en bestrooi ze meteen met een royale portie poedersuiker. Serveer ze gloeiend heet.

Voor 10 porties / **Voorbereidingstijd** 15 min. / **Bereidingstijd** 30-35 min.

sinaasappel-amandeltaart

tarta de naranja y almendra

- **boter om de vorm in te vetten**
- **bloem om de vorm te bestrooien**
- **6 eieren, gesplitst**
- **175 g suiker**
- **geraspte schil en sap van 1 sinaasappel**
- **175 g gemalen amandelen**
- **75 g oudbakken broodkruim**
- **stijf geslagen slagroom voor erbij**

VOOR DE SIROOP

- **sap van 3 sinaasappelen**
- **3 kardemompeulen, geplet**
- **suiker**

1 Vet een taartvorm van 23 cm in met boter en bestrooi hem met bloem. Klop de eidooiers, de suiker en de sinaasappelschil en -sap en luchtig en schep de amandelen en het broodkruim erdoor. Het moet een tamelijk dik mengsel zijn.

2 Klop de eiwitten tot ze net stijf zijn. Schep een eetlepel van het eiwit door het beslag en spatel daarna voorzichtig de rest erdoor. Schep het beslag in de vorm en bak de taart 30-35 minuten in de op 180 °C voorverwarmde oven tot hij goed is gerezen en terugveert als er in het midden met de vingers op wordt gedrukt. Laat hem 5 minuten in de vorm rusten en stort daarna op een rooster.

3 Verwarm voor de siroop het sinaasappelsap met de kardemompeulen en de suiker in een pannetje tot de suiker is gesmolten. Laat het 3 minuten borrelend koken tot het stroperig wordt. Prik de taart op regelmatige afstanden in met een houten prikker en besprenkel met de siroop tot alle vocht is opgenomen. Serveer de taart in punten gesneden met stijfgeslagen slagroom.

wentelteefje met honing en citroen

pan frito con miel y limón

- 3 dl melk
- 50 g heldere honing
- 2 reepjes citroenschil
- mespunt kaneel
- 8 grote sneden oudbakken brood zonder korst
- 2 eieren
- plantaardige olie om te bakken

VOOR ERBIJ

- zure room
- vloeibare honing
- partjes citroen

1 Breng de melk met de honing, de citroenschil en de kaneel in een pan tot tegen de kook. Neem de pan van het vuur en laat hem 20 minuten staan.

2 Snijd de sneetjes brood schuin doormidden in driehoeken en haal ze een voor een door de gezoete melk. Leg ze op een rooster dat boven een bakplaat is gezet en laat ze circa 2 uur rusten.

3 Klop de eieren los. Verhit een laagje olie in een koekenpan. Haal de sneetjes brood door het ei en bak ze in 1-2 minuten per kant goudbruin. Serveer ze met zure room, sprenkel er wat honing over en garneer met partjes citroen die over het brood worden uitgeknepen.

Dit is een variatie op het Franse *pain perdu,* dat in Spanje bij het ontbijt wordt geserveerd. Maar het smaakt op elke tijd van de dag verrukkelijk.

oor 8 personen / **Voorbereidingstijd** 15 min. + tijd om te koelen en te rogen / **Bereidingstijd** 15 min.

3) nog iets meer

hartige flapjes uit gallicië
pikante gehaktballetjes
warme kikkererwtensalade
zoetzure courgettes
inktvis met paprika en citroen
gevulde jakobsschelpdieren uit de oven
geroosterde garnalen
gemarineerde sardines
geroosterde sardines
gemarineerde zeevruchten
gevulde inktvisjes

Voor 4-6 personen / **Voorbereidingstijd** 30 min. / **Bereidingstijd** ca. 30 min.

hartige flapjes uit Galicië

empanadas gallegas

- **250 g kabeljauw, gerookte schelvis of een andere witte vis met een volle smaak**
- **melk om te pocheren**
- **4 eetl. olie**
- **1 ui, fijngesneden**
- **1 groene paprika, zonder zaadlijsten en zaadjes, in blokjes**
- **250 g Serranoham of andere rauwe ham, fijngesneden**
- **1 eetl. bloem**
- **3 dl olie om te bakken**
- **zout en cayennepeper**

VOOR HET BESLAG

- **500 g bloem**
- **¼ theel. zout**
- **175 g boter**
- **4 eetl. droge sherry**
- **ca. 2 eetl. water**

1 Zeef de bloem en het zout in een kom en wrijf de boter er met de vingertoppen door. Maak een kuiltje in het midden, voeg de sherry en het water toe en kneed stevig tot het een glad deeg is. Zet het afgedekt op een koele plaats.

2 Pocheer de vis net gaar in wat melk, giet hem af en bewaar de melk. Verwijder eventueel vel en graten van de vis.

3 Verhit de olie in een pan en fruit hierin ui en paprika tot ze zacht zijn. Voeg de vis en de ham toe. Roer de bloem erdoor, laat deze even meebakken en roer er een flinke scheut melk door tot het mengsel vrij dik is. Breng het op smaak met zout en cayennepeper.

4 Rol het deeg uit op een bebloemd werkvlak en steek er rondjes van 15 cm Ø uit. Schep een eetlepel vulling op een kant van ieder lapje. Bestrijk de randen met water en vouw het deeg over de vulling. Druk de randen op elkaar.

5 Verhit de olie in een grote koekenpan tot er lichte damp af komt. Bak de flapjes steeds met een paar tegelijk knapperig en goudbruin. Laat ze op keukenpapier uitlekken en serveer ze warm.

Empanadas zijn in heel Spanje populair en bestaan in vele vormen en maten met verschillende vullingen. Grote empanadas worden in bars en restaurants in Galicië in plakken verkocht. Dit recept is voor kleinere flapjes die in olie worden gebakken.

Voor 4 personen / **Voorbereidingstijd** 10 min. / **Bereidingstijd** ca. 10 min.

pikante gehaktballetjes

albondigas

- **250 g mager rundergehakt**
- **125 g chorizo, klein gesneden**
- **½ theel. zout**
- **2 teentjes knoflook, geperst**
- **½ theel. versgeraspte nootmuskaat**
- **1 eetl. fijngesneden peterselie**
- **½ theel. gedroogde oregano**
- **½ ui, fijngesneden**
- **1 ei, losgeklopt**
- **1 eetl. droge sherry of cognac**
- **1 eetl. bloem**
- **olie om te bakken**
- **peper**
- **romescosaus (*zie* blz. 76) voor erbij**

1 Meng alle ingrediënten met uitzondering van de bloem en de olie in een grote kom en breng op smaak met wat peper. Rol balletjes ter grootte van een walnoot van het gehaktmengsel en haal ze zorgvuldig door de bloem.

2 Verhit de olie in een koekenpan en bak de balletjes regelmatig omschuddend circa 10 minuten tot ze rondom bruin en gaar zijn. Schep ze met een schuimspaan uit de pan en laat ze op keukenpapier uitlekken. Serveer ze warm met een kom romescosaus om ze in te dippen.

Tip Deze pikante gehaktballetjes zijn niet alleen een uitstekende tapa, maar kunnen ook in een tomatensaus als hoofdgerecht worden geserveerd.

warme kikker-erwten-salade

ensalada de garbanzos

- 5 eetl. extra vergine olijfolie
- 1 rode ui, fijngesneden
- 2 teentjes knoflook, geperst
- stukje gemberwortel van 5 cm, geraspt
- 2 blikken kikkererwten (400 g per stuk), uitgelekt
- mespunt gedroogde Spaanse pepers
- sap en geraspte schil van 1½ citroen
- bosje koriander, fijngesneden
- zout en peper
- mengsel van komijn en paprikapoeder om te garneren

1 Verhit een eetlepel olie in een koekenpan. Smoor hierin de ui, knoflook en gemberwortel af en toe omscheppend zachtjes 5-7 minuten tot de ui glazig is.

2 Voeg de kikkererwten, de Spaanse peper en de citroenrasp toe en roer 30 seconden. Voeg het citroensap toe en laat het mengsel koken tot het bijna droog is. Voeg de koriander toe en breng op smaak met zout en peper.

3 Schep het mengsel in een schaal, giet de resterende olijfolie erover en laat het iets afkoelen. Bestrooi de salade met het mengsel van komijn en paprikapoeder en serveer hem warm of op kamertemperatuur.

Tip Kikkererwten zijn met hun nootachtige smaak een ideaal hoofdingrediënt voor een salade. Als ze in de dressing worden opgewarmd, kunnen ze de smaken goed opnemen en omdat ze stevig zijn, blijven ze heel.

Voor 4 personen / **Voorbereidingstijd** 10 min. / **Bereidingstijd** 10 min.

Voor 4 personen / **Voorbereidingstijd** 10 min. / **Bereidingstijd** 10-15 min.

zoetzure courgettes

albacines agridulces

- **3 eetl. olijfolie**
- **500 g courgettes, in blokjes**
- **1 teentje knoflook, geperst**
- **1 rode Spaanse peper, zonder zaadjes, fijngehakt**
- **2 eetl. rozijnen**
- **2 eetl. kappertjes, afgespoeld**
- **1 eetl. sherry of balsamicoazijn**
- **1 theel. suiker**
- **2 eetl. hazelnoten of gepelde amandelen, geroosterd en fijngehakt**
- **2 eetl. water**
- **zout en peper**
- **fijngesneden peterselie om te bestrooien**

1. Verhit de olie in een koekenpan en roerbak de courgette op hoog vuur in 3-4 minuten goudbruin.
   Draai het vuur laag, voeg de knoflook, de Spaanse peper en wat zout toe en laat nog 2-3 minuten zachtjes bakken tot de knoflook zacht is.

2. Voeg rozijnen, kappertjes, azijn, suiker, noten, water en peper toe en laat het afgedekt 5 minuten stoven.

3. Breng zonodig verder op smaak met wat zout en peper. Bestrooi met de fijngesneden peterselie en serveer warm.

Voor 4 personen / **Voorbereidingstijd** 10-15 min. / **Bereidingstijd** 7-8 min.

inktvis met paprika en citroen

calamares con pimiento y limón

- **500 g inktvis, schoongemaakt**
- **3 eetl. olijfolie**
- **1 rode paprika, zonder zaadlijsten en zaadjes, in blokjes**
- **2 teentjes knoflook, fijngesneden**
- **1 gedroogd rood Spaans pepertje,**
- **geraspte schil van 1 kleine citroen**
- **3 eetl. citroensap**
- **1 eetl. fijngesneden peterselie**
- **zout en peper**

VOOR ERBIJ

- **partjes citroen**
- **volkorenbrood**

1 Hak de tentakels van de inktvis grof met een scherp mes en snijd de lijven in 1 cm brede ringen.

2 Verhit de olie in een hoge pan en bak de paprika, de knoflook, de Spaanse peper en de citroenrasp onder af en toe omscheppen circa 5 minuten. Draai het vuur halfhoog en laat de inktvis 1-1½ minuut meebakken tot hij niet meer doorschijnend en net gaar is. Schep hem in een voorverwarmde schaal, breng op smaak met wat zout en peper, besprenkel hem met het citroensap en bestrooi met de peterselie. Serveer meteen met partjes citroen en volkorenbrood.

Voor 4 personen / **Voorbereidingstijd** 15 min. / **Bereidingstijd** 20-25 min.

gevulde jakobsschelpdieren uit de oven

vieras de santiago de compostela

- **4 grote verse jakobsschelpen**
- **2 eetl. fijngesneden peterselie**
- **2 teentjes knoflook, fijngesneden**
- **2 uien, fijngesneden**
- **flinke mespunt kruidnagelpoeder**
- **flinke mespunt nootmuskaat**
- **2 eetl. vers broodkruim**
- **1 eetl. olijfolie**
- **zout en peper**

1 Borstel de jakobsschelpen schoon. Maak de schelpen open met een scherp mes of leg ze circa 5 minuten op de bakplaat in een op 150 °C voorverwarmde oven tot ze open gaan. Laat de oven aan staan. Verwijder de aanhechtspier en de zwarte draad. Maak het witte deel met het oranje koraal los. Maak de ronde helften van de schelpen goed schoon.

2 Hak het witte vlees en het koraal van de jakobsschelpdieren fijn en meng het met peterselie, knoflook, ui, kruidnagelpoeder, nootmuskaat en zout en peper. Vul de schoongemaakte schelpen ermee. Bestrooi ze met broodkruim, besprenkel ze met olijfolie en zet op de bakplaat.

3 Schakel de oventemperatuur naar 220 °C en zet de schelpen 15-20 minuten in de oven tot de inhoud licht gekleurd is. Serveer meteen.

(Pelgrims die het graf van de heilige Jakobus in Santiago de Compostella in Spanje hadden bezocht, droegen een Jakobsschelp op hun hoed.)

Geroos-terde garnalen

gambas a la plancha

- **1 kg grote rauwe garnalen**
- **4 teentjes knoflook, in plakjes**
- **1 rood Spaans pepertje, zonder zaadjes, fijngehakt**
- **4 eetl. extra vergine olijfolie, plus extra olie om erbij te serveren**
- **1½ eetl. limoensap**
- **zout en peper**
- **partjes citroen om te garneren**
- **knapperig stokbrood voor erbij**

1 Verwijder de koppen van de garnalen maar laat de pantsers zitten. Leg de garnalen plat op een plank en snijd met de punt van een scherp mes de rugzijde over de hele lengte in zonder ze helemaal door te snijden en laat de staart heel. Klap beide helften open en druk ze plat.

2 Verwijder de zwarte darmstreng aan de rugzijde, spoel de garnalen af en dep ze droog. Doe ze in een kom met de knoflook, Spaanse peper, de olijfolie, het limoensap en wat zout en peper. Laat ze afgedekt minstens 1 uur rusten.

3 Laat een grillpan in 3 minuten goed heet worden. Leg de garnalen met de pantsers naar beneden op de plaat en bak ze met niet teveel tegelijk in 3-4 minuten gaar. Keer ze om en laat ze nog een paar tellen bakken. Schep de geroosterde garnalen op een grote voorverwarmde schaal, besprenkel ze royaal met olie en serveer met partjes citroen die erover uitgeknepen worden en knapperig brood om het vocht op te deppen.

(In Spanje worden garnalen en inktvis meestal vaak gewoon in een grillpan of op een grillplaat geroosterd. Deze bereidingsmethode wordt *a la plancha* genoemd. Serveer ze met een kom romescosaus (*zie* blz. 76).)

Voor 4 personen / **Voorbereidingstijd** 30 min. + marineertijd / **Bereidingstijd** 15-20 min.

Voor 4 personen / **Voorbereidingstijd** 15 min. + marineertijd / **Bereidingstijd** ca. 6 min.

gemarineerde sardines

sardinas en escabèche

- **20 kleine sardientjes, schoongemaakt**
- **3 eetl. bloem**
- **ca. 3 dl olijfolie**
- **2 teentjes knoflook, geperst**
- **½ theel. saffraanpoeder**
- **1 theel. gemberpoeder**
- **4 eetl. citroensap**
- **1 citroen, in dunne plakjes**
- **4 laurierblaadjes**
- **zout en peper**
- **knapperig brood voor erbij**

1 Bestrooi de sardientjes met de bloem.

2 Verhit de helft van de olijfolie in een koekenpan en bak de sardientjes 3 minuten tot ze rondom licht gekleurd zijn. Laat op keukenpapier uitlekken.

3 Schep de gebakken sardientjes in een lage schaal. Roer de knoflook, de saffraan, het gemberpoeder, het citroensap en wat zout en peper door de resterende olie. Giet dit over de visjes en dek ze af met de plakjes citroen en de laurierblaadjes. Zet de schaal afgedekt 24 uur in de koelkast en schep de visjes in die tijd af en toe om.

4 Schep de sardientjes uit de marinade en serveer ze met knapperig brood.

Voor 4 personen / **Voorbereidingstijd** 10 min. + marineertijd / **Bereidingstijd** 15-20 min.

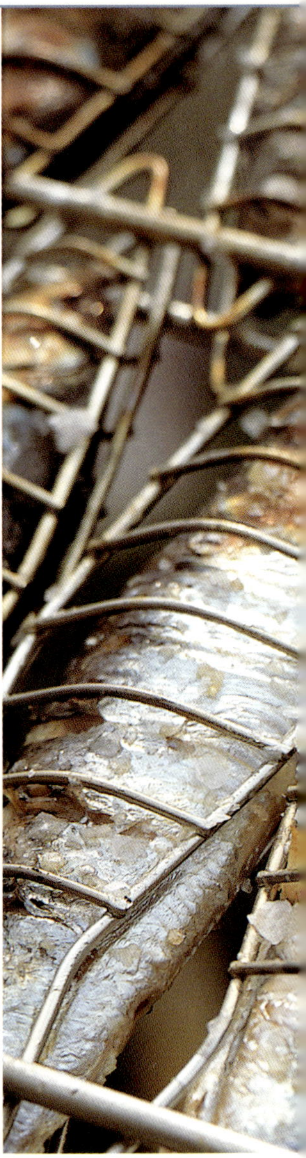

geroosterde sardines

sardines a la parilla

- **2 rode paprika's**
- **extra vergine olijfolie**
- **wittewijnazijn**
- **16 verse sardines, geschubd en schoongemaakt (*zie* Tip hieronder)**
- **zeezout en peper**
- **tomatensalade met ui voor erbij**

1 Ontvel eerst de paprika's. Leg de hele paprika's onder een hete grill, keer ze tot ze rondom zijn geblakerd, doe ze in een plastic zak en laat ze afkoelen. Ontvel ze en verwijder de zaadlijsten en de zaadjes. Snijd het vruchtvlees in smalle reepjes en schep er wat olie, azijn, zout en peper door.

2 Dep de afgespoelde sardientjes droog, leg ze op een grote schaal en bestrooi ze royaal met zeezout. Laat ze afgedekt 1 uur rusten. Spoel ze opnieuw af en dep ze droog. Bestrijk ze met wat olie en rooster ze in 2-3 minuten per kant op de barbecue gaar. Serveer de sardientjes met de warme paprika en met een salade van tomaat en ui.

Tip Snijd de sardientjes aan de buikzijde van kop tot staart open. Verwijder de ingewanden uit de buikholte en spoel de visjes vanbinnen en vanbuiten schoon.

gemarineerde zeevruchten

mariscos en escabèche

- **16 grote mosselen in de schelp**
- **250 g kleine inktvisjes, schoongemaakt**
- **250 g middelgrote rauwe garnalen, gepeld**
- **2 teentjes knoflook, fijngesneden**
- **1 kleine rode Spaanse peper, zonder zaadjes, fijngehakt**
- **½ dl droge sherry**
- **1 eetl. fijngesneden basilicum om te garneren**
- **brood voor erbij**

VOOR DE MARINADE

- **1½ dl olijfolie, extra vergine**
- **2 sjalotten, fijngesneden**
- **3 eetl. wittewijnazijn**
- **mespunt suiker**
- **1 eetl. kappertjes, afgespoeld en fijngehakt**
- **zout en peper**

(Escabèche betekent 'gemarineerd' en is een klassieke bereidingsmethode voor tapas. Andere vissoorten, schaal- en schelpdieren of verschillende soorten groenten kunnen op dezelfde manier worden bereid.)

1. Borstel de mosselschelpen schoon en verwijder de eventuele baarden. Snijd de lijven van de inktvissen in ringen en halveer de tentakels. Dep de afgespoelde garnalen droog.

2. Doe de mosselen met knoflook, Spaanse peper en sherry in een pan en laat ze onder een deksel 4-5 minuten stomen tot alle schelpen open staan (gooi nog gesloten schelpen weg). Schep de mosselen met een schuimspaan in een kom.

3. Pocheer de garnalen in 4-5 minuten gaar in het mosselvocht. Schep ze met een schuimspaan uit de pan bij de mosselen. Pocheer de inktvis in 2-3 minuten gaar en schep hem in de kom bij de mosselen en de garnalen. Bewaar 2 eetlepels van het pocheervocht en laat de inhoud van de kom afkoelen.

4. Roer de ingrediënten voor de marinade en het pocheervocht door elkaar. Schep dit door de inhoud van de kom en zet deze afgedekt enige tijd in de koelkast.

5. Laat de escabèche circa 1 uur voor het serveren op kamertemperatuur komen. Bestrooi met het basilicum en serveer met brood.

Voor 4 personen / **Voorbereidingstijd** 25-30 min. + tijd om af te koelen / **Bereidingstijd** 15 min.

gevulde inktvisjes

calamares rellenos

- **12 inktvisjes van ca. 12 cm lang, schoongemaakt**
- **5 eetl. extra vergine olijfolie**
- **1 kleine ui, fijngesneden**
- **2 teentjes knoflook, geperst**
- **1 theel. fijngesneden salie**
- **geraspte schil en sap van ½ citroen**
- **50 g vers wittebroodkruim**
- **25 g ansjovis, fijngesneden**
- **2 eetl. fijngesneden peterselie**
- **25 g pijnboompitten, geroosterd en fijngehakt**
- **½ dl droge witte wijn**
- **peper**

1. Snijd de tentakels van de inktvisjes, bewaar ze, spoel de lijven schoon en dep ze droog op keukenpapier.
2. Verhit een eetlepel olie in een koekenpan en fruit hierin de ui, de knoflook, de salie en de citroenrasp 5 minuten. Schep alles in een kom en roer het broodkruim, de ansjovis, de peterselie, de pijnboompitten, het citroensap, de fijngehakte tentakels en royaal peper erdoor.
3. Vul de lijven van de inktvisjes voor circa tweederde met dit mengsel en steek ze aan de bovenkant met houten prikkers dicht. Leg de gevulde inktvisjes op een bakplaat, besprenkel ze met de wijn en de resterende olie en zet ze 20 minuten in de op 230 °C voorverwarmde oven. Serveer meteen.

(**Tip** Schep de lijven niet te vol omdat de vulling tijdens het bakken uitzet en de inktvisjes dan open springen.)

Voor 4-6 personen / **Voorbereidingstijd** 20 min. / **Bereidingstijd** 25 min.

PLVS
VLTRA

4) kleine maaltijden

vissoep
mosselsoep met aardappelen en bonen
koude groentesoep
gebakken eieren met paprika en chorizo
geroosterde mediterrane groenten
salade van sperzieboontjes en aardappelen
gevulde paprika's
kabeljauw met paprika
zwarte rijst met inktvis
spaanse pasta met mosselen
paella
niertjes gestoofd in sherry
catalaanse varkensstoofpot
kip in knoflooksaus
baskische kip met ham

Voor 4-6 personen / **Voorbereidingstijd** 30 min. / **Bereidingstijd** 50 min.

vissoep
sopa de mariscos

- **enkele draadjes saffraan**
- **1½ dl kokende visbouillon**
- **4 eetl. olijfolie**
- **1 ui, fijngesneden**
- **2 teentjes knoflook, geperst**
- **1 eetl. fijngehakte tijm**
- **½ theel. gedroogde rode Spaanse peper**
- **1 dl droge sherry**
- **1 blik tomatenblokjes (400 g)**
- **2 kleine gekookte kreeften van ca. 500 g per stuk**
- **500 g gefileerde zeeduivel**
- **2 eetl. bloem**
- **12 grote rauwe garnalen, gepeld**
- **500 g mosselen in de schelp**
- **500 g jakobsschelpen**
- **50 g gemalen geroosterde amandelen**
- **1 eetl. sherryazijn**
- **zout en peper**
- **knapperig brood voor erbij**

Tip Vervang de vis en de schaal- en schelpdieren naar eigen smaak en afhankelijk van wat verkrijgbaar is als de soep wordt gemaakt. Vervang de kreeften door langoustines of gebruik bij voorbeeld kabeljauw in plaats van zeeduivel.

1 Week de saffraandraadjes 10 minuten in de kokende visbouillon. Verhit intussen de helft van de olie in een grote vuurvaste schaal en smoor hierin de ui, de knoflook, de tijm en de Spaanse peper zachtjes circa 10 minuten.

2 Voeg de sherry toe en, laat deze snel tot de helft inkoken, voeg de tomatenblokjes, de bouillon met de saffraan en wat zout en peper toe. Breng aan de kook en laat het met het deksel op de pan 20 minuten zachtjes stoven. Schep 1½ dl van de bouillon in een kom en zet opzij.

3 Hak de koppen van de kreeften, splijt de lijven in de lengte doormidden en maak de scharen los. Snijd de zeeduivel in blokjes en bestrooi ze licht met bloem. Was de garnalen en verwijder de zwarte darmstreng aan de rugzijde. Borstel beide soorten mosselen schoon. Breng dit alles in een pan regelmatig roerend aan de kook. Laat de soep met het deksel op de pan nog 10 minuten stoven.

4 Roer de amandelen, azijn, resterende olie en achtergehouden bouillon door elkaar en roer dit door de soep. Laat deze nog 5 minuten doorwarmen tot hij licht is gebonden en serveer met brood.

Voor 6 personen / **Voorbereidingstijd** 20-30 min. / **Bereidingstijd** ca. 40 min.

mosselsoep met aardappelen en bonen

sopa de almejas

- **2 eetl. olijfolie**
- **125 g niet gerookt ontbijtspek, in blokjes**
- **1 ui, fijngesneden**
- **400 g aardappelen, in blokjes**
- **1 prei, in ringen**
- **2 teentjes knoflook, geplet**
- **1 eetl. fijngehakte rozemarijn**
- **2 laurierblaadjes**
- **1 blik witte bonen (400 g), uitgelekt**
- **1 l groentebouillon**
- **1 kg kleine tapijtschelpen (clams) of mosselen, schoon geborsteld**
- **zout en peper**
- **knapperig brood voor erbij**

VOOR DE KNOFLOOKOLIE MET PETERSELIE

- **1½ dl olijfolie, extra vergine**
- **2 grote tenen knoflook, in plakjes**
- **½ theel. zout**
- **1 eetl. fijngesneden peterselie**

1 Verhit de olie in een grote pan en bak het spek in 5 minuten uit. Schep het met een schuimspaan uit de pan. Laat de ui, de aardappel, de prei, de knoflook, de rozemarijn en de laurierblaadjes 10 minuten zachtjes in het spekvet bakken. Voeg de witte bonen en de bouillon toe, breng het geheel aan de kook en laat het 20 minuten zachtjes koken tot de groenten gaar zijn.

2 Verhit voor de knoflookolie de olie met de knoflook en het zout in een pannetje en laat het 3 minuten doorwarmen. Laat de olie afkoelen en roer de peterselie erdoor.

3 Pureer de helft van de soep in de keukenmachine of de blender tot een gladde puree, giet hem terug in de pan en breng op smaak met wat zout en peper. Roer de mosselen en het uitgebakken spek door de soep. Laat hem 5 minuten zachtjes koken tot de schelpen open staan (gooi schelpen die dicht blijven weg). Schep de soep in kommen, sprenkel de groene knoflookolie erover en serveer met knapperig brood.

Voor 6-8 personen / **Bereidingstijd** 15-20 min. + afkoelen

koude groente-soep

gazpacho

- **1 teentje knoflook, gehalveerd**
- **1 l tomatensap**
- **3 eetl. olijfolie**
- **2 eetl. citroensap**
- **2 theel. suiker**
- **150 g komkommer, geschild en in blokjes**
- **75 g rode ui, grof gesnipperd, of bosuitjes, in ringetjes**
- **150 g rode paprika, zonder zaadlijsten en zaadjes, in blokjes**
- **75 g avocado, ontpit, geschild, in blokjes**
- **2 eetl. fijngesneden gemengde groene kruiden, peterselie, bieslook, basilicum en majoraan**
- **zout en peper**
- **ijsblokjes om erbij te serveren**

1 Wrijf met het snijvlak van de knoflook over de bodem en de randen van een grote kom en gooi de knoflook weg. Giet het tomatensap met olie, citroensap, suiker en zout en peper in de kom. Klop alles licht door elkaar en zet de soep afgedekt minstens 1 uur in de koelkast.

2 Klop de soep goed door en roer de komkommer, de ui, de paprika, de avocado en de groene kruiden erdoor.

3 Verdeel de ijsblokjes over de soepkoppen en schep de soep erover.

Tip Wie wil, serveert deze beroemde koude soep met de komkommer, de ui, de paprika en de avocado in aparte schaaltjes, zodat iedere gast zelf kan bepalen wat hij aan de tomatensoep met kruiden toevoegt.

Voor 4 personen / **Voorbereidingstijd** 20 min. / **Bereidingstijd** ca. 40 min.

gebakken eieren met paprika en chorizo

huevos a la flamenca

- **4 eetl. olijfolie**
- **2 grote aardappelen, in blokjes**
- **4 plakken Serranoham of andere rauwe ham**
- **1 ui, fijngesneden**
- **1 rode paprika, zonder zaadjes en zaadlijst, in reepjes**
- **150 g aspergepunten**
- **150 g doperwtjes**
- **4 tomaten, ontveld, in blokjes**
- **2 eetl. tomatenpuree**
- **1¼ dl water**
- **4 eieren**
- **8 plakjes chorizo**
- **2 eetl. fijngesneden peterselie**
- **zout en cayennepeper**

1 Verhit de olie in een grote koekenpan en bak de aardappelblokjes tot ze licht gekleurd zijn. Schep ze met een schuimspaan uit de pan.

2 Snijd 2 plakken van de ham in blokjes en doe ze met de ui en de paprika in de pan. Smoor alles zachtjes tot de ui glazig is.

3 Voeg de aspergepunten, de doperwtjes, de tomaat en de tomatenpuree, de aardappelblokjes en het water toe en breng op smaak met zout en cayennepeper. Laat het afgedekt af en toe roerend 10 minuten op laag vuur stoven.

4 Schep het mengsel in een ingevette ovenschaal of verdeel het over vier eenpersoons ovenschaaltjes. Maak kuiltjes in het mengsel en breek daarin de eieren. Verdeel de chorizo en de resterende ham over de groenten en bestrooi ze met de peterselie. Zet de schaal 15 minuten in een op 180 °C voorverwarmde oven tot het eiwit net gestold is. Serveer warm.

Voor 4 personen / **Voorbereidingstijd** 10 min. / **Bereidingstijd** ca. 20 min.

geroosterde mediterrane groenten

verduras a la plancha

- **1 kleine aubergine**
- **1 grote courgette**
- **1 rode paprika, ontdaan van zaadlijsten en zaadjes**
- **1 rode ui**
- **3 teentjes knoflook**
- **1 theel. komijnzaadjes**
- **1 eetl. fijngehakte tijm**
- **1 eetl. balsamicoazijn**
- **1½ dl olijfolie, extra vergine**
- **1 eetl. fijngesneden basilicum**
- **zout en peper**

1 Bereid eerst de groenten voor. Snijd de aubergine in 8 plakken, de courgette in schuine plakken van ½ cm dik, de paprika in dikke repen en de ui in dikke parten. Doe alles in een grote kom.

2 Wrijf in een vijzel de knoflook, de komijnzaadjes en de tijm tot een pasta en roer de balsamicoazijn en 1¼ dl van de olie erdoor. Breng op smaak met wat zout en peper. Giet hem over de groenten en schep alles goed door.

3 Rooster de groenten 2-3 minuten aan iedere kant onder de voorverwarmde ovengrill tot ze gaar en gekleurd zijn.

4 Schep de groenten op een voorverwarmde schaal, besprenkel ze met de resterende olie en bestrooi ze met basilicum. Serveer ze warm.

Voor 4 personen / **Voorbereidingstijd** 15 min. / **Bereidingstijd** 15 min.

salade van sperziebonen en aardappelen

ensalada de habas verdes y verduras

- **500 g nieuwe aardappelen**
- **500 g sperziebonen, afgehaald, in stukjes van 5 cm**
- **1 ui, in dunne halve ringen**
- **4 plakken Serranoham**
- **2 eetl. fijngesneden peterselie om te bestrooien**

VOOR DE DRESSING

- **6 eetl. extra vergine olijfolie**
- **2-3 eetl. sherryazijn**
- **1 teentje knoflook, in dunne plakjes**
- **½ theel. gemalen komijn**
- **mespunt suiker**
- **zout en peper**

1 Breng in een grote pan water met wat zout aan de kook, laat de aardappelen 8 minuten koken, voeg de sperziebonen toe en laat het nog 4-5 minuten koken tot beide gaar zijn. Giet ze af, laat ze onder de koude kraan schrikken en laat ze uitlekken.

2 Schep de sperziebonen, de aardappelen en de ui in een grote kom door elkaar. Klop de ingrediënten voor de dressing door elkaar en schep deze door de aardappelsalade. Garneer met de plakken ham en bestrooi met de peterselie. Serveer meteen.

Tip Gebruik voor dit gerecht nieuwe aardappelen of in ieder geval gladkokende aardappelen voor een mooie structuur. Oude of bloemig kokende verkruimelen te snel.

Voor 4 personen / **Voorbereidingstijd** 15 min. / **Bereidingstijd** ca. 1 uur

gevulde paprika's

pimientos rellenos

- **4 grote rode of groene paprika's**
- **1 eetl. olijfolie**
- **1 ui, fijngesneden**
- **50 g doorregen ontbijtspek, fijngesneden**
- **200 g mager rundergehakt**
- **4 eetl. broodkruim**
- **1 ei, losgeklopt**
- **1 eetl. fijngesneden peterselie**
- **zout en peper**

VOOR DE SAUS

- **2 eetl. olijfolie**
- **250 g gepelde tomaten uit blik**
- **1 eetl. tomatenpuree**
- **1 teentje knoflook, geperst**
- **1 theel. bruine basterdsuiker**
- **1 eetl. wijnazijn**

1 Snijd de kapjes van de paprika's en bewaar ze. Schep de zaadjes met een lepel eruit. Verhit de olie in een pan en fruit hierin de ui 5 minuten. Laat het spek en het gehakt omscheppend 5 minuten meebakken. Schep het broodkruim door het gehaktmengsel. Neem de pan van het vuur, roer het ei en de peterselie erdoor en breng op smaak met wat zout en peper. Vul de paprika's hiermee, zet ze rechtop in een ovenschaal met een hoge rand en zet de kapjes erop.

2 Verhit de olie voor de saus zachtjes in een pannetje en roer de gepelde tomaten en de tomatenpuree erdoor. Voeg de overige ingrediënten toe, en zout en peper naar smaak en breng alles aan de kook. Laat de saus afgedekt 10 minuten zachtjes koken.

3 Giet de saus over de paprika's en zet ze afgedekt circa 40 minuten in de op 160 °C voorverwarmde oven. Serveer ze warm.

Voor 4 personen / **Voorbereidingstijd** 15 min. / **Bereidingstijd** 30-40 min.

kabeljauw met paprika

merluza con pimientos

- **4 eetl. olijfolie**
- **4 kleine rode paprika's, zonder zaadlijsten, in brede repen**
- **3 teentjes knoflook, gepeld en heel gelaten**
- **2 takjes tijm**
- **mespunt scherpe paprikapoeder**
- **¾ dl droge sherry**
- **4 aardappelen**
- **4 moten kabeljauw à ca. 175 g**
- **2 laurierblaadjes**

VOOR ERBIJ

- **knapperig brood**
- **allioli (*zie* blz. 77)**

1 Verhit de olie in een vuurvaste schaal en fruit hierin de paprika, de knoflook, de tijm en het paprikapoeder op laag vuur regelmatig omscheppend 10-15 minuten tot alles zacht is en begint te kleuren. Blus af met de sherry en laat deze op hoog vuur tot de helft inkoken.

2 Kook intussen de aardappelen in 10-12 minuten bijna gaar. Laat ze onder de koude kraan schrikken en snijd ze in blokjes.

3 Schep de aardappelblokjes met wat zout en peper door het paprikamengsel. Bestrooi de vismoten met wat zout en peper en leg ze op het paprikamengsel. Druk ze voorzichtig aan. Leg de laurierblaadjes erop en laat de afgedekte schaal op laag vuur 15-20 minuten zachtjes stoven, afhankelijk van de dikte van de vis. Laat de vis een paar minuten rusten en serveer met knapperig brood en allioli.

Voor 4 personen / **Voorbereidingstijd** 15 min. / **Bereidingstijd** 25-30 min.

zwarte rijst met inktvis

arroz negro con calamares

- **50 g boter**
- **400 g kleine inktvisjes, schoongemaakt, in stukken**
- **1 grote ui, fijngesneden**
- **4 teentjes knoflook, geperst**
- **2 rijpe tomaten, ontveld, het vruchtvlees in blokjes**
- **250 g Spaanse rondkorrelrijst of risottorijst**
- **1½ dl droge witte wijn**
- **2 zakjes inktvisinkt (*zie* onder)**
- **6 dl visbouillon**
- **zout en peper**

1 Verhit de helft van de boter in een pan en roerbak de inktvis 3-4 minuten tot hij begint te kleuren. Voeg de resterende boter toe en laat de ui, de knoflook en de tomaat 5 minuten meebakken.

2 Voeg de rijst toe en blijf 1 minuut roeren tot alle korrels glanzen. Blus af met de wijn en laat het koken tot de helft is verdampt.

3 Voeg de inkt van de inktvis en de bouillon toe en breng op smaak met wat zout en peper. Breng het geheel aan de kook en laat het zonder deksel 15-20 minuten zachtjes koken tot de rijst gaar is. Roer niet. Neem de pan van het vuur en laat de inhoud afgedekt 5 minuten rusten. Proef of er nog zout en/of peper bij moet en serveer warm.

Tip Dit gerecht van rijst en inktvis, gekleurd met de inkt van de inktvis, is in heel Spanje heel populair. Kleine zakjes met inktvisinkt zijn bij de goede visman te koop.

Voor 4-6 personen / **Voorbereidingstijd** 15 min. / **Bereidingstijd** ca. 50 min.

spaanse pasta met mosselen

pastas con mejillones

- **500 g zeeduivelstaart**
- **4 eetl. olijfolie**
- **1 ui, fijngesneden**
- **4 teentjes knoflook, fijngesneden**
- **500 g rijpe tomaten, ontveld, het vruchtvlees fijngehakt**
- **½ theel. saffraandraadjes**
- **1¾ l visbouillon**
- **400 g gedroogde fideus (korte dunne pasta) of capellini**
- **1 kg kleine mosselen, schoon geborsteld**
- **zout en peper**
- **allioli (*zie* blz. 77) om erbij te serveren**

Tip Dit gerecht is afkomstig uit Catalonië en wordt gemaakt met dunne korte pasta, *fideus*. Spaanse pasta wordt meestal tamelijk gaar gekookt. Wie geen *fideus* kan vinden, gebruikt *capellini* en breekt die in stukjes van 5 cm.

1 Was en droog de zeeduivel en snijd hem met een scherp mes door de middengraat in flinke stukken.

2 Verhit de helft van de olie in een pan en fruit hierin ui, knoflook en tomaat 10 minuten. Voeg de zeeduivel, de saffraan en de visbouillon toe, breng aan de kook en laat het 5 minuten zachtjes koken. Schep de vis uit de pan. Laat de saus nog 25 minuten zachtjes koken.

3 Verhit intussen de resterende olie in een vuurvaste schaal. Breek de pasta in korte stukken, doe ze bij de olie en laat ze regelmatig omscheppend in de hete olie goudbruin bakken.

4 Voeg scheut voor scheut de tomatensaus toe en laat hem al roerend zachtjes koken tot de pasta gaar is. Voeg de mosselen toe, roer goed en voeg dan de zeeduivel toe. Laat alles nog 5-6 minuten koken tot de mosselschelpen open staan en de zeeduivel gaar is. Breng op smaak met wat zout en peper en serveer met de allioli.

Voor 4 personen / **Voorbereidingstijd** 15 min. / **Bereidingstijd** 35-40 min.

paella

paella

- **2 eetl. olijfolie**
- **1 kleine kip, in 8 stukken**
- **125 g ontbijtspek, in blokjes**
- **1 grote ui, fijngesneden**
- **2-3 teentjes knoflook**
- **500 g tomaten, ontveld, het vruchtvlees fijngesneden**
- **1 rode paprika, zonder zaadlijsten en zaadjes, in blokjes**
- **250 g Spaanse rondkorrelrijst of risottorijst**
- **mespunt saffraandraadjes**
- **6 dl kokend water**
- **75 g chorizo, in dunne plakken**
- **12 mosselen, schoon geborsteld en de baarden verwijderd**
- **12 grote gekookte garnalen, ongepeld**
- **zout en peper**
- **fijngesneden peterselie om te garneren**

1 Verhit de olie in een paellapan of een grote pan met een dikke bodem en bak de kip en het spek tot de stukken kip goudbruin en gaar zijn. Neem ze uit de pan en fruit ui en knoflook in 5 minuten in het braadvet goudbruin.

2 Laat de tomaten 2-3 minuten meebakken. Voeg de paprika en de rijst toe. Blijf op laag vuur 1-2 minuten roeren tot de rijst glanst. Roer de saffraan door het kokende water en giet dit over de rijst. Breng op smaak met zout en peper. Laat de paella zachtjes koken tot de rijst bijna gaar is. Roer af en toe en voeg zonodig wat extra water toe.

3 Doe intussen de mosselen in een pannetje met wat kokend water en zet dit op het vuur. Schud af en toe tot alle schelpen openstaan en gooi mosselen die dicht blijven weg. Doe de kip en het spek weer in de pan. Voeg de chorizo, de mosselen en de garnalen toe en laat alles 5-7 minuten doorwarmen. Bestrooi met peterselie en serveer warm.

Voor 4 personen / **Voorbereidingstijd** 15 min. / **Bereidingstijd** 10 min.

niertjes gestoofd in sherry

riñones al jérez

- **8 lams- of kalfsniertjes, schoongemaakt**
- **4 eetl. citroensap**
- **2 eetl. olijfolie**
- **1 teentje knoflook, geperst**
- **125 g rauwe ham of ontbijtspek, fijngesneden**
- **½ dl droge sherry**
- **2 eetl. fijngesneden peterselie**
- **zout en peper**

1 Doe de gehalveerde niertjes in een kom, besprenkel ze met het citroensap en laat ze 10 minuten rusten.

2 Verhit de olie in een grote koekenpan, doe de niertjes, de knoflook en de ham in de pan en laat ze omscheppend op hoog vuur in 3-4 minuten bruin bakken.

3 Voeg de sherry toe en laat de niertjes nog 3-4 minuten stoven tot de sherry is verdampt en de niertjes gaar zijn. Bestrooi met de peterselie, breng op smaak met wat zout en peper en serveer meteen.

Tip Snijd niertjes in de breedte doormidden en verwijder met een scherp mesje vet en zenen.

Voor 4 personen / **Voorbereidingstijd** 20 min. / **Bereidingstijd** 1 uur en 15 min.

catalaanse varkensstoofpot

cocido catalán

- **1½ dl olijfolie**
- **750 g mager varkensvlees, in blokjes van 2½x2½ cm**
- **1 grote ui, in halve ringen**
- **2 teentjes knoflook, geperst**
- **500 g tomaten, ontveld, het vruchtvlees in blokjes**
- **1 groene paprika, zonder zaadlijsten en zaadjes, in blokjes**
- **2 theel. paprikapoeder**
- **1½ dl kippenbouillon**
- **1 aubergine, in plakken**
- **2-3 eetl. bloem**
- **zout en peper**
- **1 eetl. fijngesneden koriander om te bestrooien**

1 Verhit 2 eetlepels van de olie in een grote pan of vuurvaste casserole. Bak hierin het varkensvlees regelmatig omscheppend rondom bruin en schep het met een schuimspaan uit de pan.

2 Smoor ui en knoflook in het braadvet glazig. Doe het vlees terug in de pan en roer de tomaten, de paprika, het paprikapoeder en de bouillon erdoor. Breng op smaak met zout en peper.

3 Breng het geheel aan de kook, dek het af met een velletje vetvrij papier en een deksel en laat het 1 uur zachtjes stoven.

4 Haal de plakken aubergine door de bloem. Verhit wat resterende olie in een grote koekenpan en bak de aubergineplakken met niet teveel tegelijk aan beide kanten goudbruin. Voeg zonodig een extra scheutje olie toe. Schep ze met een schuimspaan uit de pan en laat ze op keukenpapier uitlekken.

5 Serveer de stoofschotel met de gebakken aubergine en bestrooid met de koriander.

Voor 4 personen / **Voorbereidingstijd** 10 min. / **Bereidingstijd** 30-40 min.

kip in knoflooksaus

pollo al ajillo

- **½ dl olijfolie**
- **1½ kg kip, in niet te grote stukken**
- **1 bol knoflook, verdeeld in teentjes, fijngesneden**
- **1¼ dl water**
- **4 eetl. citroensap**
- **paar draadjes saffraan, in een scheutje heet water geweekt**
- **zout en peper**

1 Verhit de olie in een grote koekenpan met een dikke bodem. Bak de stukken kip op halfhoog vuur in 10-15 minuten regelmatig omkerend rondom bruin. Leg ze in een grote lage vuurvaste schaal en bestrooi ze met wat zout en peper.

2 Giet de olie op 3 eetlepels na uit de koekenpan. Fruit de knoflook kort. Blus af met het water, roer goed en breng het aan de kook. Giet het over de kip met het citroensap en de saffraan.

3 Laat de kip met het deksel op de pan op laag vuur circa 15 minuten stoven tot ze gaar is. Serveer meteen.

Voor 4 personen / **Voorbereidingstijd** 20 min. / **Bereidingstijd** 1 uur en 15 min.

baskische kip met ham

pollo vasco

- **4 eetl. olijfolie**
- **200 g rauwe ham of ontbijtspek, in blokjes**
- **4 grote kipkwarten**
- **4 uien, in halve ringen**
- **3 teentjes knoflook, geperst**
- **2 groene paprika's, zonder zaadlijsten en zaadjes, in blokjes**
- **¼ theel. gedroogde majoraan**
- **400 g tomaten, ontveld, het vruchtvlees in blokjes, of 1 blik tomatenblokjes (400 g)**
- **1½-3 dl kippenbouillon**

- **zout en peper**
- **2 eetl. fijngesneden peterselie om te bestrooien**

1 Verhit de olijfolie in een braadpan. Doe de ham of het spek erin en laat ze omscheppend bakken tot ze beginnen te kleuren. Schep het met een schuimspaan uit de pan.

2 Laat de stukken kip af en toe omkerend in het spekvet rondom bruin bakken. Schep ze met een schuimspaan uit de pan en houd ze warm. Fruit de ui en de knoflook tot ze beginnen te kleuren. Voeg de paprika en de majoraan toe en laat dit met het deksel op de pan 10 minuten zachtjes stoven.

3 Voeg de tomaat en de bouillon toe (3 dl als er verse tomaten worden gebruikt en 1½ dl bij bliktomaten met hun vocht). Breng op smaak met wat zout en peper. Doe de kip en de ham weer in de pan en laat de kip met het deksel op de pan 40-45 minuten zachtjes stoven tot ze gaar is.

4 Schep de kip in een voorverwarmde schaal. Laat de saus tot de gewenste dikte inkoken. Proef of nog zout en/of peper erbij moet en schep de saus over de kip. Bestrooi met de peterselie en serveer meteen.

Tip Snijd verse tomaten voor ze worden ontveld aan de bolle kant kruislings in, leg ze in een kom en overgiet ze met kokend water. Laat ze ½-1 minuut staan, giet ze af en trek de velletjes eraf.

5 salsas en dipsauzen

romescosaus

allioli

auberginedipsaus

pikante tomatensaus

romescosaus

salsa romesco

- **1-2 kleine gedroogde Spaanse pepertjes, in de lengte gehalveerd**
- **25 g blanke amandelen**
- **3 teentjes knoflook, fijngesneden**
- **2 kleine tomaten, fijngesneden**
- **1½ dl olijfolie**
- **1-2 eetl. wijnazijn**
- **zeezout en paprikapoeder**

1 Week de pepertjes circa 5 minuten in kokend water, giet ze af en hak ze klein.

2 Rooster de amandelen omscheppend in een droge koekenpan tot ze kleur krijgen.

3 Pureer de amandelen met de fijngesneden pepertjes en de knoflook in de keukenmachine of de blender tot alles goed gemengd is. Voeg de tomaten toe en laat het nog kort draaien. Giet de olie in een dun straaltje op het draaiende mes. Breng op smaak met zout en paprikapoeder. Giet de saus in een kom en serveer hem bij vlees of vis.

(Deze beroemde gepeperde Catalaanse saus ontleent zijn naam aan de kleine hete pepertjes die in deze streek groeien. Hij past bij veel gerechten, vooral bij vlees en vis.)

Voor ca. 2 dl / **Voorbereidingsstijd** 15 min. / **Bereidingstijd** 2-3 min.

allioli

allioli

- **6 teentjes knoflook**
- **½ theel. zout**
- **2 eidooiers**
- **2½ dl olijfolie**
- **2 theel. citroensap**

1 Wrijf de knoflook met het zout in een kom of in een vijzel tot een gladde pasta. Schep hem in een kom als er een vijzel is gebruikt.

2 Roer de eidooiers erdoor. Klop eerst druppel voor druppel en later, als de saus dik begint te worden, in een dun straaltje de olie erdoor en voeg af en toe een scheutje citroensap toe. Schep de saus in een schaaltje en serveer bij salades, vlees of vis.

Tip Deze Catalaanse knoflookmayonaise is langs de hele Spaanse oostkust populair en wordt bij veel gerechten gegeten. De naam is afkomstig van het Latijnse *allium* voor knoflook en *oleum* voor olie. Zorg ervoor dat alle ingrediënten op kamertemperatuur zijn voor u begint.

Voor 4 personen / **Bereidingstijd** 10 min.

Voor 6 personen / **Voorbereidingstijd** 20 min. + koeltijd / **Bereidingstijd** 30 min

aubergine-dipsaus

salsa de berenjenas

- **1 kg aubergines**
- **ca. 4 eetl. olijfolie**
- **ca. 3 eetl. citroensap**
- **2 teentjes knoflook, fijngesneden**
- **40 g fijngesneden ui**
- **1½ eetl. fijngesneden rode paprika**
- **zout en peper**
- **warm pitabrood voor erbij**

OM TE GARNEREN

- **olijfolie**
- **fijngesneden peterselie**

1 Prik de aubergines rondom in met een vork, leg ze op een bakplaat en schuif deze circa 30 minuten in de op 180 °C voorverwarmde oven tot de schil is geblakerd en het vruchtvlees zacht aanvoelt als erop wordt gedrukt. Schil ze en verwijder de stelen zodra ze voldoende zijn afgekoeld en druk het overtollige vocht voorzichtig uit het vruchtvlees.

2 Hak het vruchtvlees van de aubergines grof zodat het nog wat structuur heeft. Doe het in een kom en giet de olie erbij. Roer het grootste deel van het citroensap, knoflook, ui, paprika en zout en peper erdoor. Proef en voeg zonodig nog wat citroensap toe. Zet de schaal afgedekt een paar uur in de koelkast.

3 Laat de saus voor het serveren op kamertemperatuur komen. Schep hem in een plat schaaltje en trek er met de achterkant van een lepel een gootje in. Giet wat olijfolie in het gootje en bestrooi met fijngesneden peterselie. Serveer met repen warm pitabrood.

Voor 4 personen / **Voorbereidingstijd** 10 min. + rusttijd / **Bereidingstijd** 6 min.

pikante tomatensaus

salsa ahumada de tomate

- **4 rijpe tomaten**
- **1 kleine ui, fijngesneden**
- **1 rode Spaanse peper, zonder zaadjes, fijngehakt**
- **1 teentje knoflook, geperst**
- **4 eetl. fijngesneden koriander**
- **2 eetl. extra vergine olijfolie**
- **1 eetl. limoensap**
- **zout en peper**

1 Houd de tomaten met een keukentang in de gasvlam en laat ze rondom blakeren. Of laat ze kort blakeren onder de voorverwarmde ovengrill. Laat ze kort afkoelen en ontvel ze. Halveer de tomaten, verwijder de zaadjes en hak het vruchtvlees fijn.

2 Doe het vruchtvlees van de tomaten in een kom en roer de overige ingrediënten erdoor. Breng de saus op smaak met wat zout en peper en laat hem afgedekt een paar uur rusten. Serveer als saus bij vis of vlees of als dipsaus.

(Door het blakeren van de tomatenvelletjes krijgt de saus een heerlijke rooksmaak.)